ERASMO DE RÓTERDAM

El príncipe de los humanistas

Por David Cusin
Traducido por Marina Martín Serra

Historia | 

ERASMO DE RÓTERDAM 1

BIOGRAFÍA 3

Una juventud oscura (1469-1487)

El inicio de la vida eclesiástica (1487-1499)

Erasmo el inglés (1499-1500)

Erasmo el europeo (1501-1536)

CONTEXTO POLÍTICO, SOCIAL Y ECONÓMICO 12

Una recuperación económica

El resplandor del Renacimiento

Un renacimiento de las artes y las letras

Cuestionamientos religiosos

MOMENTOS CLAVE 19

París, Inglaterra y el círculo de los humanistas (1495-1509)

Elogio de la locura (1509-1511)

El humanista cristiano

Erasmo y Lutero: un entendimiento quimérico (1516-1529)

REPERCUSIONES 32

El debilitamiento del catolicismo

El humanismo cristiano y la Contrarreforma

La herencia de Erasmo y sus límites

EN RESUMEN 37

ERASMO DE RÓTERDAM

- **¿Nacimiento?** C. 1469 en Róterdam.
- **¿Muerte?** El 12 de julio de 1536 en Basilea.
- **¿Principales aportaciones?**
  - La promoción del pacifismo y de la unidad de la cultura europea.
  - Una reflexión sobre una tolerancia independiente de la fe religiosa.
  - La promoción de la cultura y del conocimiento para que llegue a un máximo de personas.
  - Una traducción del Nuevo Testamento que corrige los errores de la *Vulgata*.

Erasmo de Róterdam es, sin lugar a dudas, la figura del humanismo más célebre de finales del siglo XV y de principios del XVI. En 1488 es canónigo regular de San Agustín y, en 1492, es ordenado sacerdote, para acabar convirtiéndose en un viajero infatigable que va al encuentro de intelectuales, filósofos, teólogos y estadistas recorriendo toda Europa durante 15 años, entre 1499 y 1514.

El contenido de sus principales libros procede de sus viajes por Inglaterra, Italia y Francia. Dedica su obra maestra, *Elogio de la locura*, a su amigo Tomás Moro (humanista inglés 1478-1535), que lo acoge en su casa durante su viaje de 1509. Erasmo, que también es un gran intelectual, obtiene entretanto un doctorado en Teología durante su estancia en Turín entre 1506 y 1509.

A pesar de su férrea voluntad de reformar la Iglesia, rechaza la oferta de Martín Lutero (teólogo y reformador alemán, 1483-1546) de sumarse a la Reforma, y también declina el capelo de cardenal que le ofrece el papa Pablo III (1468-1549). Percibiendo los primeros signos de agitación religiosa que pronto desangrarán Europa, se opone firmemente a Lutero unos años más tarde con la publicación de un ensayo virulento sobre el libre albedrío (*De libero arbitrio*, 1524). Sin embargo, intenta conciliar ambos bandos por todos los medios, denunciando el fanatismo religioso.

La obra de Erasmo se extiende a ámbitos de un eclecticismo inusual: teología, filosofía, latín y griego, entre otros, lo que lo convierte en una de las personas más influyentes de su época y en el primer intelectual en el sentido moderno del término.

BIOGRAFÍA

UNA JUVENTUD OSCURA (1469-1487)

El destino de Erasmo de Róterdam es singular: su nacimiento y su juventud no lo predestinan de ningún modo a convertirse en el gran intelectual respetado por todos que acabará siendo. Además, las circunstancias de su llegada al mundo son confusas, ya que se ignora la fecha exacta en la que nace: podría haber sido en 1466, en 1467 o, como sostiene la mayoría de historiadores, en 1469. Su ascendencia también plantea interrogantes, ya que se sabe de cierto que su padre fue sacerdote. Así pues, Erasmo habría nacido de forma ilegítima, ya que las relaciones carnales estaban prohibidas para los miembros del clero. Este estatuto de niño bastardo tendrá una gran influencia en su recorrido.

Empieza a estudiar en Gouda, una ciudad situada al noreste de Róterdam de donde probablemente procede su familia. A continuación, continúa su educación en la escuela capitular de Utrecht. Cuando cumple nueve años, se confía su cuidado al clero de Deventer, una pequeña ciudad del oeste de los Países Bajos, y luego al de Bois-le-Duc. Durante sus estudios en este último lugar, que serán infructuosos, sus padres fallecen a causa de la peste.

EL INICIO DE LA VIDA ECLESIÁSTICA (1487-1499)

Estas primeras experiencias escolares hacen que Erasmo desarrolle un interés creciente por la antigüedad griega y latina, de las que procede su nombre, Desiderius Erasmo Roterodamus (*erasmos* significa «querido» en griego). Siguiendo por la vía religiosa, en 1487 se convierte en novicio con los canónigos regulares de San Agustín en Steyn. Aunque no es un creyente devoto, se contenta con esta vida monástica porque el monasterio posee una biblioteca clásica muy bien equipada. Erasmo, que practica una devoción interior que se afianzará a lo largo de toda su vida, no permanecerá mucho tiempo en el anonimato de su santuario. En 1492, es ordenado sacerdote por David de Borgoña (obispo de Utrecht, 1427-1496) y luego se acerca al obispo de Cambrai, Enrique de Berghes (fallecido en 1502), del que progresivamente se convierte en secretario particular. Esto lo exime de vivir en su monasterio, para su gran regocijo: se trata de un verdadero alivio para Erasmo, ya que le concede mucha importancia a su libertad durante toda su vida. Liberado, Erasmo puede dedicar su tiempo a la redacción de su primer ensayo, *Antibarbari*, que termina en 1494. Ávido de conocimientos y sin querer volver al monasterio, continúa su formación en el Colegio Montaigu en París, pero pronto abandona este ambiente de estudio demasiado severo para acercarse al humanista francés Roberto Gaguin (1433-1501).

Grabado de Roberto Gaguin (1433-1501) por Nicolás III de Larmessin (1684-1755).

ERASMO EL INGLÉS (1499-1500)

El primer viaje de Erasmo a Inglaterra funciona como desencadenante de su acción cultural: a pesar de haber conocido el Renacimiento y el humanismo en Francia gracias a Gaguin, encuentra su expresión más lograda al otro lado del canal de la Mancha. De hecho, en Inglaterra reina finalmente la paz después de la terrible guerra de las Dos Rosas (1450-1485), y el país pasa por una relativa edad de oro en las artes y las ciencias. Este primer viaje a Inglaterra es capital para Erasmo, que se emancipa de su educación austera y de su nacimiento deshonroso que lleva como una carga en el continente. Pronto profundiza en sus conocimientos de griego en Oxford, se convierte en amigo de los sabios más grandes del reino, como Tomás Moro y John Fisher (cardenal y humanista inglés, 1469-1535), y gana la protección de eruditos como John Colet (1467-1519), religioso inglés al que conoce en París; William Warham (c. 1450-1532), arzobispo de Canterbury y canciller de Inglaterra; y Thomas Cranmer (1489-1556), el primer arzobispo reformado de Canterbury. Su viaje significa para él un primer despertar humanista, motivado y encarnado por Tomás Moro. Ahora, el erudito ya no tiene patria, sino que se desplaza allí donde lo lleva la efervescencia cultural.

Tomás Moro

La Inglaterra de principios del siglo XVI es una tierra con una cultura humanista floreciente. Aunque a menudo olvidamos a Colet, Fisher o Warham, Thomas More ha pasado a la posteridad. Para muchos esto se debe a su *Utopía*, escrita en 1516, pero More sobre todo lleva a cabo una brillante carrera política en la corte de Inglaterra. Primero es embajador y luego gran canciller del reino en 1529, hasta que finalmente es juzgado por alta traición por el rey Enrique VIII (1491-1547) y es decapitado en 1535, a causa de su negativa a someterse a la nueva Iglesia de Inglaterra y de su fidelidad a la Iglesia católica. Su canonización en 1935 demuestra la influencia de More para la posteridad.

Retrato de Tomás Moro.

ERASMO EL EUROPEO (1501-1536)

Desde que se marcha de Inglaterra, la vida de Erasmo está repleta de viajes y peregrinaciones. Primero, vuelve a París, donde estudia griego y publica una primera versión de sus *Adagios* (16 ediciones entre 1500 y 1536); luego, va de Orleans a Saint-Omer, y decide consagrar sus estudios a las Santas Escrituras. A continuación, va a Italia y se queda allí durante tres años y, en 1506, la Universidad de Turín le entrega el título de doctor en Teología, prueba de la importancia que cobra su acción en ese ámbito.

Vuelve a Inglaterra en 1509, cuando Enrique VIII accede al trono. Allí, compone en pocos días *Elogio de la locura*, dedicado a Tomás Moro. En aquel entonces, Erasmo goza del reconocimiento de todos. Da clases en Cambridge, pero elige establecerse en Basilea (Suiza). En esta tranquila ciudad, gracias a su colaboración con el impresor Johann Froben (*c.* 1460-1527), publica algunas de sus grandes obras, como *Patrología* (1516).

Retrato de Johann Froben por Hans Holbein el Joven, 1520-26.

Europa quiere tenerlo a su servicio pero, fiel a sí mismo y sin querer ser cautivo de nadie, elige la Universidad de Lovaina para fundar su colegio trilingüe y dar clases de 1517 a 1521.

Cuando la Reforma afecta el área geográfica en la que Erasmo ejerce como profesor, vuelve a exiliarse a Basilea, donde critica duramente tanto la autoridad papal como el reciente luteranismo. Es muy crítico con la Iglesia; sin embargo, se mantiene fiel a ella, a pesar de las complicadas relaciones con el papa. Aunque apoya a la institución, no puede convertirse en su portavoz, ya que esto lo colocaría en una posición demasiado definida y lo vincularía innegablemente con una postura. Lo mismo sucede con el luteranismo: Lutero comparte algunas ideas con Erasmo, pero es demasiado extremista para el gusto del humanista. Cuando la Reforma está alcanzando Basilea, se refugia en Friburgo de Brisgovia y continúa con su prolífica actividad intelectual. En 1535 vuelve a Basilea, donde publica su *Preparación para la muerte* y muere durante la noche del 11 al 12 de julio de 1536.

ERASMO Y BASILEA

Al instalarse en Basilea, Erasmo ejerce una verdadera transformación en esta ciudad suiza situada en el Rin, en la frontera alemana, convirtiéndola en un centro cultural de tal importancia que en esa época algunos consideran que es la capital cultural de Europa. El basiliense Johann Froben se convierte en el principal impresor de Erasmo y contribuye a la fama que adquiere la ciudad. Entonces, se encuentra en el cenit de su gloria, y conoce a artistas con talento que pintan retratos del humanista, entre los que destaca Hans Holbein el Joven (1497/1498-1543), que se convertirá en pintor oficial de la monarquía inglesa.

Retrato de Erasmo por Hans Holbein el Joven (1523).

CONTEXTO POLÍTICO, SOCIAL Y ECONÓMICO

UNA RECUPERACIÓN ECONÓMICA

El siglo XIV y el inicio del XV no son buenas épocas para Europa. En el plano económico, los estados están en una situación muy delicada tras las múltiples guerras —como la guerra de los Cien Años (1337-1453)— y las epidemias —como la gran peste negra de 1348—, que acaban con un importante porcentaje de población. Durante la segunda mitad del siglo XV, a pesar del retorno episódico de conflictos y enfermedades mortales, empieza una recuperación económica real, que conduce a un crecimiento demográfico en toda Europa. Puesto que la población aumenta significativamente en la mayoría de las regiones, la gente empieza a cultivar tierras en lugares que antes eran impracticables (ciénagas, montes bajos, etc.) y esto hace que los beneficios sean más importantes, sobre todo en el norte de Italia y en los Países Bajos.

La agricultura no es el único sector con un crecimiento significativo: la industria, sobre todo textil y minera, experimenta un auge importante, a pesar de algunas debilidades. El ejemplo de la recién creada imprenta es particularmente concluyente: algunas ciudades se convierten en verdaderos centros culturales a partir de los años 1470, sobre todo Basilea, donde Erasmo manda imprimir una gran cantidad de sus obras.

Sin embargo, este auge económico no deja de ser mesurado y las tensiones sociales de principios del siglo XVI pueden explicarse, en parte, por la subida de los precios que se produce tras la recuperación económica, y por el empobrecimiento de una franja de población cada vez más importante.

EL RESPLANDOR DEL RENACIMIENTO

El Renacimiento, iniciado en Italia en el siglo XIV, se expande en Europa durante el siglo siguiente, que es el siglo del nacimiento de Erasmo. Este movimiento va de la mano de una serie de nuevos valores, de innovaciones técnicas, culturales, morales, religiosas y políticas que marcan a la sociedad de forma duradera.

Las ideas del Renacimiento penetran tan profundamente en las monarquías europeas en gran parte porque, a mediados del siglo XV, los poderes centrales de las grandes monarquías se fortalecen. En 1453, el final de la guerra de los Cien Años entre los reyes de Francia e Inglaterra abre nuevas perspectivas de expansión para el reino de Carlos VII (rey de Francia, 1403-1461) aunque, en el corazón de su territorio, algunos grandes ducados reclaman una cuasindependencia.

El ducado de Borgoña, del que procede Erasmo, es un estado rico en el que florecen las artes y el comercio, pero también es una entidad territorial muy importante. Sus orígenes se remontan al siglo IX, y desde entonces se ha emancipado gradualmente hasta convertirse en una gran potencia en Europa, de manera que, seis siglos después, su corte es una de las más prósperas del continente. Sus fronteras se extienden entonces en una amplia zona que va desde el condado de Holanda en el norte hasta las puertas de Ginebra en el sur, y desde el condado de Eu (Normandía) en el oeste hasta

Friburgo de Brisgovia en el este; así pues, el conjunto de su territorio se encuentra entre el reino de Francia y el Sacro Imperio Romano Germánico. A mediados del siglo XV, el ducado vive su época dorada, durante la que las letras y las artes ocupan una posición privilegiada en la sociedad borgoñesa ya que los príncipes, impregnados de un espíritu renacentista, estimulan en gran medida a los artistas y los intelectuales. Erasmo aprovechará esta situación.

Los reinos de la península ibérica no se quedan atrás y, mientras que Portugal envía exploradores para conquistar el mundo, los reinos de Castilla y Aragón forman una alianza que resulta en una España poderosa y prácticamente unificada.

En Italia, por el contrario, no existe ningún poder suficientemente fuerte como para unificar la península. Así, la paz es particularmente frágil entre los Medici en Florencia, los Sforza en Milán y la familia de Ferrante de Aragón en Nápoles, por nombrar solo a los principales grandes señores.

Esta situación política es importante, ya que la aparición de estos grandes estados, que no se centralizan realmente hasta finales del siglo XV, provoca deseos expansionistas e irremediablemente conduce a la guerra tan odiada por Erasmo.

UN RENACIMIENTO DE LAS ARTES Y LAS LETRAS

Durante mucho tiempo, se tiene la percepción de que el Renacimiento permite una renovación en las artes. En efecto, los artistas ven cómo evolucionan sus técnicas y su estética, rompiendo por completo con la Edad Media. A nivel social, el artista puede hacer alarde de una nueva posición en la sociedad, ya que ahora el arte ocupa un lugar privilegiado. Sin embargo, restringir esta revolución a las artes pictóricas sería injustamente simplista. El mundo de las letras también vive una mutación que, en cierto modo, Erasmo es heredará.

En Italia primero, la vida intelectual ya no se limita a los marcos tradicionales de la Iglesia o de la Universidad. Los eruditos se interesan ahora por la antigüedad griega y latina, debaten sobre filosofía moral y filología, y algunos incluso proponen nuevas traducciones de los textos antiguos, desprendiéndose de las aproximaciones de los copistas. Se redescubren los filósofos paganos como Platón (*c.* 427- *c.* 348/347 a. C.) y Aristóteles (384-322 a. C.), y este renacimiento inspira la redacción de tratados de teología que marcan el pensamiento cristiano del Renacimiento de forma duradera, como en el caso de la obra *De Docta Ignorantia* (*Acerca de la docta ignorancia*) de Nicolás de Cusa (teólogo alemán, 1401-1464), que aboga por la introspección, punto de partida de una crítica abierta a la escolástica —considerada demasiado dogmática por los humanistas—.

LA ESCOLÁSTICA

La escolástica es una filosofía que empieza a enseñarse en el siglo X en las universidades de reciente creación, y que tiene el objetivo de sumar la contribución de la filosofía griega (principalmente la de Aristóteles) a la teología cristiana establecida por los padres de la Iglesia varios siglos atrás. Sigue siendo la disciplina de referencia a lo largo de toda la Edad Media y es ampliamente estudiada hasta el siglo XVI, a pesar de las críticas que recibe, sobre todo por parte de los humanistas —entre los que se encuentra Erasmo, que no entiende que se pueda vincular a Aristóteles con Cristo—.

Así pues, el humanismo se desarrolla verdaderamente durante la segunda mitad del siglo XV, pero sin convertirse en un movimiento coherente ni perfectamente unido: hay casi tantos humanismos como humanistas. Sin embargo, todos se plantean interrogantes sobre cuestiones similares y arrastran a la Europa cultural hacia su reflexión teológica y filosófica.

EL HUMANISMO

La corriente humanista nace en Italia con Petrarca (poeta y humanista italiano, 1304-1374), y se caracteriza por un retorno a las fuentes antiguas en las que se intentará recuperar la autenticidad del pensamiento antiguo. Además, en el centro de todo sitúa al hombre, que ahora puede acercarse a la *veritas* (la «verdad», lo «verdadero») mediante la instrucción y la educación.

CUESTIONAMIENTOS RELIGIOSOS

En el siglo XV, la religión ya ha sido objeto de algunos cuestionamientos que tendrán eco durante el siglo siguiente. Por ejemplo, asistimos a una inquietud creciente entre los fieles y las autoridades religiosas frente a la muerte y al mal que intenta avanzar por todos los medios. En este contexto, se organizan regularmente cazas de brujas, que acabarán comportando la quema de tantas personas que marcarán la sociedad por mucho tiempo. También hay muchos creyentes que piensan que la sociedad cristiana está corrompida y que el Juicio Final se acerca. Entonces, la salvación se convierte en un elemento fundamental y profundamente constitutivo de la sociedad. Desde la Edad Media, los fieles tienen la posibilidad de que se les perdonen los pecados gracias al sistema de las indulgencias. En un principio, estas se acordaban a cambio de actos sagrados o, por lo menos, piadosos, como las peregrinaciones. Sin embargo, a finales del siglo XV y durante el siglo XVI, la adquisición de estas indulgencias a cambio de dinero se convierte en algo cada vez más habitual, algo que molesta a una gran parte de la sociedad. En paralelo, nace una nueva forma de devoción que vuelve a centrar la espiritualidad en Cristo.

Sin embargo, la característica principal del cristianismo del Renacimiento es indudablemente el anticlericalismo presente en todos los estratos de la sociedad, incluso en el propio clero. Esta corriente, que no necesariamente demuestra un rechazo absoluto a la institución eclesiástica, pone de relieve sobre todo unas mayores expectativas por parte de los fieles frente a una institución que aboga por una doctrina que ella misma no respeta. Se cuestionan especialmente los beneficios eclesiásticos, sobre todo su atribución y su desvío con finalidades profanas, y durante toda la segunda mitad del siglo XV se critica al propio papa en persona, sin que Erasmo se oponga.

MOMENTOS CLAVE

PARÍS, INGLATERRA Y EL CÍRCULO DE LOS HUMANISTAS (1495-1509)

Erasmo es ordenado sacerdote en 1492, y aprovecha su posición ante el obispo de Cambrai para continuar con sus estudios en París. Puesto que su origen modesto le impide hacerlo por motivos financieros, consigue que su obispo le conceda una beca para que pueda realizar un doctorado. Los primeros años de estudios no son nada fáciles para alguien como él, que aborrece la vida monástica y privilegia la libertad por encima de todo. En el Colegio Montaigu —un lugar vetusto y con un confort austero— se ve reducido a vivir como un regular. Y, todavía peor, no se siente cautivado por las asignaturas que cursa, ya que algunas se ven limitadas debido a la escolástica que tan poco aprecia. En paralelo, Erasmo se convierte en preceptor para ganarse la vida, y gracias a esta nueva profesión conoce a los humanistas que formarán su primer círculo de reflexión, como Roberto Gaguin o el teólogo francés Jacques Lefèvre d'Étaples (c. 1450-1536), cuya influencia marcará al joven Erasmo.

El periodo de Erasmo más productivo a nivel intelectual se produce durante su estancia en Inglaterra, entre mayo de 1499 y principios del año 1500. Mientras que se había dirigido a la isla tras la invitación de uno de sus alumnos, es recibido calurosamente por algunos de los mayores pensadores del país. Así, entabla amistad con Tomás Moro, se inicia al platonismo de Marsile Ficin (filósofo italiano, 1433-1499) gracias al teólogo John Colet, y asiste a clases en Oxford.

Cuando vuelve de Inglaterra, Erasmo publica una gran cantidad de escritos en distintos ámbitos. Primero, se centra en la educación y la pedagogía, mediante la publicación en 1500 de la primera versión de sus *Adagios*, con los que presenta la cultura antigua a sus alumnos. Asimismo, se interesa por la filología con *El ciceroniano* (1501), y luego por la política con su *Panegírico de Felipe el Hermoso* (1504), en el que realiza su retrato del príncipe ideal, pacifista y defensor de las artes. Sin embargo, la primera obra verdaderamente aclamada por sus contemporáneos, *Manual del soldado cristiano* (1504), pertenece al ámbito de la teología. En ella, une la crítica humanista y la teología cristiana.

A partir de 1504, Erasmo se convierte en un personaje eminente del paisaje cultural europeo. Son muchos los grandes príncipes que solicitan su presencia, pero él quiere seguir siendo independiente. Prefiere recorrer Europa, sobre todo Italia, Suiza, Francia y los Países Bajos. Sus mayores ideas se gestan durante este periodo, momento en el que también concibe su trayectoria intelectual, sobre todo durante su enésimo viaje a Inglaterra en 1509.

ELOGIO DE LA LOCURA (1509-1511)

No podemos evocar la vida de Erasmo y su influencia en la sociedad europea sin mencionar lo que la posteridad considera su obra maestra absoluta: *Elogio de la locura*. Erasmo la escribe cuando todavía no ha alcanzado por completo la cima de su gloria, aunque ya tiene 40 años y ha publicado muchos escritos. Aunque la obra es indudablemente un compendio del pensamiento de Erasmo, sigue siendo un escrito entre tantos otros en la mente del humanista. Si bien el libro obtiene un éxito particular en Europa, es con el paso de los siglos que el nombre de Erasmo y el de *Elogio de la locura* se vuelven inseparables.

¿Entonces, por qué se ha llegado a reducir el trabajo tan fecundo del escritor a esa única obra? Para comprender esta situación, hay que examinar más detalladamente este libro. Erasmo decide escribirlo casi por una decisión precipitada y lo termina en apenas siete días. Sin embargo, aunque el libro está listo en 1509, no se publica hasta 1511, porque su autor continúa modificándolo. El contexto de la elaboración de la obra es crucial: cuando Erasmo compone el texto, está en Inglaterra y se aloja cerca de Londres, en la casa de campo de Tomás Moro, en el barrio de Bucklersbury.

¿SABÍAS QUE...?

El título original del libro es *Stultitiae laus* que, en griego, se traduciría por *Morías enkómion*. *Morías* significa «la locura», pero también se puede ver como un juego de palabras con el patronímico de Tomás Moro, una hipótesis mucho más probable puesto que la obra le está dedicada.

La influencia de las lecturas y del estudio de los textos clásicos se puede percibir claramente en el pensamiento de Erasmo. Mientras que sus textos son generalmente científicos y eruditos, esta vez saca su inspiración de la sátira griega, que pretende ser más ligera y comunicativa.

De forma hábil y casi cómica, concede el papel de narrador principal al personaje de la Locura. De esta manera, marca una distancia bastante clara entre las opiniones que formula en este escrito y su propia persona, sin tomar en ningún momento la palabra, por así decirlo. La Locura, alabándose a sí misma, realiza una hábil sátira de la sociedad que, a pesar de ser muy crítica, es recibida positivamente, incluso por sus propios destinatarios. Así, mediante una antigua acusación, la Locura llama a declarar a varias profesiones que poseen su propia alienación. Erasmo critica duramente, entre otros, a los juristas, los oradores, los soldados, los especuladores o incluso a los escolásticos que demuestran su locura a su vez. Erasmo no perdona a nadie, ni mucho menos a la Iglesia. Durante el viaje a Italia que realiza antes de escribir su libro, dejan huella en él de forma especial el papa condotiero Julio II (1443-1513), que no duda en dirigir los ejércitos papales, pero también los abusos cometidos por parte de la Iglesia.

Julio II

Giuliano Della Rovere, elegido papa bajo el nombre de Julio II en 1503, es una figura prominente del siglo XVI. Con una posición muy distante a la idea de un papado pacifista y alejado de los asuntos temporales, Julio II es un político formidable. Deseando convertir los Estados Pontificios en una verdadera potencia hegemónica en Italia, no duda en tomar personalmente las armas contra Venecia y Luis XII (rey de Francia, 1462-1515). Con la voluntad de que el papado se extienda en todos los ámbitos, Julio II resulta ser un mecenas extraordinario y protege a numerosos artistas como Miguel Ángel (escultor, pintor, arquitecto y poeta italiano, 1475-1564) o Bramante (pintor y arquitecto italiano, 1444-1514). Aunque Erasmo aprecia la preocupación del papa por las artes, se opone por completo a la forma en la que dirige su Estado y no duda en mostrarlo en *Elogio de la locura*.

La obra, bajo su aspecto indolente y liviano, es una diatriba con consecuencias colosales. Erasmo, mediante esta farsa, elogia el retorno a un cristianismo más auténtico, despojado de sus artificios, y más preocupado por el ideal de paz difundido por los evangelios que por la condición terrestre del clero. Esta crítica resuena con fuerza en la sociedad de principios del siglo XVI, que no se atreve a expresar lo que Erasmo proclama. Algunos años más tarde, Martín Lutero defiende sus tesis con mucha más vehemencia, que se suman a las críticas expresadas por Erasmo en su obra maestra.

EL HUMANISTA CRISTIANO

El prestigio de Erasmo, por consiguiente, es extremadamente importante. Si sus primeras obras, sobre todo los *Adagios*, son más bien profanas, sus escritos se centran poco a poco en el deber cristiano que juzga indispensable para todo humanista. En 1504, redacta el *Manual del soldado cristiano*, que anticipa su acción en materia de teología y en el que defiende la idea de que el bautismo transforma a los fieles en soldados al servicio de Cristo y del Evangelio, al menos de forma filosófica. Sus escritos posteriores, de este modo, estarán impregnados de este humanismo cristiano —del que se le puede atribuir la paternidad—, y que se traduce por una concepción de la religión y por una devoción poco corriente en este principio del siglo XVI. Para Erasmo, el fervor debe ser interior y tan próximo de Cristo como sea posible. Además, no concibe la religión como la amalgama de una élite clerical sino que, ante todo, cree que es una cuestión de conocimiento de los textos. Desprecia las manifestaciones escandalosas de un dogmatismo demasiado riguroso y no duda en defender el pensamiento de los filósofos paganos, hasta el punto de que prefigura el mensaje de los Evangelios. En cambio, realiza una dura crítica a los abusos de esta Iglesia decadente con la que se codea.

Su acción más significativa es, sin lugar a dudas, la traducción del Nuevo Testamento que inicia. Piensa que la *Vulgata* de san Jerónimo (padre y doctor de la Iglesia católica, 347-419/420) es inexacta y está repleta de errores de copistas, al tiempo que deplora una escolástica perjudicial y una traducción aproximada. Con este proyecto, se posiciona en la línea de otro humanista: Lorenzo Valla (1407-1457), que tiene una trayectoria notable en el estudio de la lengua y de las palabras. Asimismo, Erasmo es un pedagogo excepcional que desea hacer que las Santas Escrituras sean accesibles para todos. Incluso cambiará el título de su traducción, inicialmente llamada *Novum Testamentum* (Nuevo Testamento) por *Novum Instrumentum Omne* (que literalmente significa «Nuevo instrumento para todos» y que en español se ha traducido como *Nuevo Instrumento*). La obra, impresa en Basilea en 1516 en los talleres de Johann Froben, incluye las versiones griega y latina del Nuevo Testamento. El título, muy audaz, es vivamente criticado pero, cuando se publica, Erasmo goza de un prestigio y de una autoridad intelectual que le sirven de protección.

En 1516, Erasmo publica *Educación del príncipe cristiano*, dirigida a Carlos I de España y V de Alemania (1500-1558), emperador germánico, príncipe de los Países Bajos y rey de España y de Sicilia. A través de este texto, escrito en la misma línea que su *Panegírico de Felipe el Hermoso*, quiere estimular al emperador para que se convierta en un soberano partidario de la paz, movido por una erudición antigua.

En 1518, publica *Coloquios*, texto desprovisto de complejos artificios y depurado al máximo en el que expresa su propia visión del cristianismo.

A pesar de las libertades que se toma, el prestigio que adquiere a lo largo de los años y de las publicaciones lo protege de la cólera religiosa. Cuando en 1517 Martin Lutero publica sus tesis y divide la Iglesia, Erasmo reacciona con muy poca presteza, mientras que muchos consideran que Lutero se limita a retomar sus propias ideas. En efecto, podemos encontrar algunos elementos del pensamiento erasmista en la teología luterana, como el deseo de una mayor devoción interior, un contacto directo con el texto sagrado, o incluso la crítica de la supremacía del clero sobre los fieles. Pero, aunque Erasmo no responde a Lutero en el momento en el que este último publica sus tesis, lucha contra él, pluma en mano, durante el resto de su vida.

Retrato de Erasmo por Quentin Metsys (1517).

ERASMO Y LUTERO: UN ENTENDIMIENTO QUIMÉRICO (1516-1529)

No se puede hablar de Erasmo sin mencionar a Martín Lutero y su visión de la Reforma. Sin embargo, cuando Erasmo escucha hablar de Lutero por primera vez, en una carta del secretario del elector de Sajonia en 1516, está en la cúspide de su gloria y no le presta demasiada atención a este doctor en Teología. En efecto, los dos hombres tienen ideas distintas: para Lutero, la predestinación tiene un papel clave y hay que poder actuar con justicia para ser justo, mientras que Erasmo defiende la idea de que el hombre es responsable de sus actos ante dios, por lo que es él quien tiene que elegir si hace el bien o no. Aunque estas dos visiones de las cosas no son compatibles, se podría decir que ambos hombres persiguen un objetivo común: una reforma de la Iglesia, entonces inadaptada a las necesidades de la sociedad y cuyos abusos son múltiples y condenables. Sin embargo, cada uno de ellos aborda este cuestionamiento de forma muy distinta, lo que desencadena una dura lucha teológica e intelectual que les enfrenta durante quince años.

MARTÍN LUTERO

Originario de Eisleben, en Turingia (Alemania), Martín Lutero es hijo de un empresario de minas. Recibe una educación de jurista en Mansfeld, Magdeburgo y Eisenach, durante la que trabaja en la gramática, la retórica y la lógica. Sus estudios no le gustan y deja la Universidad de Erfurt en 1505 para entrar en una cofradía agustina. Nombrado doctor en Teología en 1512, ocupa la cátedra de Enseñanza Bíblica de la Universidad de Wittenberg. En 1517, cuando el papa le pide al arzobispo de Maguncia el establecimiento de indulgencias para utilizarlas para la restauración de la basílica de San Pedro, Lutero se conmueve y protesta ante él con sus 95 tesis: la Reforma está en marcha.

Retrato de Martín Lutero.

Lutero defiende sus ideas con un fanatismo y una violencia difícilmente aceptables para Erasmo: ya hemos visto hasta qué punto este último detesta los excesos en materia de religión y, además, el erudito de Róterdam considera que el reformador alemán es demasiado inflexible para poder transigir con él. Y es que Lutero es, ante todo, un predicador ferviente que se basa en sermones fogosos para convencer a las masas. Erasmo, por su parte, es un intelectual más reservado, que comparte sus ideas sin predicarlas. Sin embargo, en 1519, mientras la Reforma gana terreno, Lutero se dirige directamente a Erasmo esperando hacerse con la aprobación de esta gran autoridad en el mundo intelectual europeo. Este lo rechaza de forma educada, prefiriendo ser neutro y animándolo para que muestre moderación. A partir de ese momento, Lutero ve en Erasmo un enemigo al que tiene que superar por todos los medios. Hay que tener en mente que esta revolución preconizada por Lutero significa para Erasmo el fin de la *Ecclesia Universalis* («la Iglesia universal») y de todo lo que esta puede representar a nivel de la unión de las naciones y los pueblos. Como gran partidario del pacifismo y de una cierta idea europea, Erasmo está convencido de que esta escisión implicará futuras guerras y, por consiguiente, un retorno a la barbarie.

Entonces, Erasmo publica *De libero arbitrio* («Sobre el libre albedrío») (1524) para dar a conocer al mundo su posición con respecto a esta cuestión teológica tan discutida por los luteranos. Lutero responde un año después con el *De servo arbitrio* («Sobre el siervo albedrío») (1525), que reafirma las diferencias fundamentales que separan a ambos hombres, a pesar de tener puntos en común innegables. La Reforma gana terreno, y Erasmo siente que su sueño de una Europa unida en el plano espiritual levanta el vuelo. Continúa publicando importantes obras, pero estas no tienen el alcance esperado. Tres de sus últimos libros, *De la urbanidad en las maneras de los niños* (1530), *Concordia de la Iglesia* (1534) y *Discusión sobre el libre albedrío: respuesta a Martín Lutero* (1534), muestran que el ecumenismo todavía le interesa al final de su vida. Poco antes de su muerte, rechaza incluso el capelo de cardenal, recordándoles así a todos que nunca en toda su vida ha estado atado a ningún tipo de lealtad.

REPERCUSIONES

EL DEBILITAMIENTO DEL CATOLICISMO

Muchos humanistas del círculo de Erasmo abogan por un evangelismo reformista y por volver a centrar la devoción sobre uno mismo en una *devotio moderna* que incita a los fieles a estudiar los escritos sagrados y a vivir con sencillez. En consecuencia, la devoción se convierte en algo mucho más personal. El reformismo de Erasmo en materia de lo sagrado es una parte muy importante de la vida del humanista que sacude significativamente a la Iglesia católica. Por supuesto, no es el único en tomar el camino del anticlericalismo, pero su prestigio y su fama proporcionan un alcance prodigioso a su pensamiento.

LA *DEVOTIO MODERNA*

La devotio moderna es una corriente de espiritualidad cristiana nacida a finales de la Edad Media en la ciudad de Deventer en los Países Bajos, por iniciativa de Geert Groote (1340-1384). Consiste en volver a centrar la devoción sobre los fieles para que sea más personal y en «imitar» la vida de Cristo, combinando la vida activa y la oración (contemplación). La corriente rápidamente cuenta con una comunidad de clérigos, los Hermanos de la Vida Común, que predica la doctrina inspirada en los escritos de Groote. El movimiento se teoriza unos años más tarde en la obra *Imitación de Cristo*, terminada en 1427, que se convierte en el libro devocional más difundido en el mundo cristiano.

Erasmo tampoco es ajeno a la exégesis establecida en los círculos humanistas y que, basándose en los textos hebreos y en el griego, ejerce una influencia bastante crítica hacia la Iglesia, con el objetivo de señalar las deformaciones de los textos de los Evangelios perpetradas por la Iglesia, al tiempo que abre nuevas perspectivas en la interpretación de los textos bíblicos. Erasmo tampoco se priva de atacar abiertamente la visión del catolicismo sobre la salvación y, aunque nunca rompe con la Iglesia con la que sigue estando vinculado, sus pensamientos y sus escritos son elementos esenciales para el surgimiento de la Reforma protestante que llega a Europa a partir de la década de 1520.

EL HUMANISMO CRISTIANO Y LA CONTRARREFORMA

Como hemos visto, la influencia de Erasmo se empieza a notar ya durante su vida. En su círculo humanista encontramos a los mayores letrados europeos. En Lovaina, funda el colegio trilingüe (hebreo, griego y latín) e invita a todos los estudiantes humanistas europeos a encontrarse en esta capital cultural. Aunque la Reforma termina con su sueño universalista, sigue afincado en un cierto evangelismo que defiende el humanismo cristiano.

La apología de una relación casi individual con Cristo, la reflexión y la meditación sobre las Escrituras, así como la desconfianza hacia un dogmatismo demasiado formal son elementos que nutren los debates que sacuden el Concilio de Trento (1545-1563) y la Contrarreforma, establecida para contrarrestar la Reforma protestante. Sin embargo, es incorrecto asimilar este humanismo cristiano a una «prerreforma», puesto que el ideal erasmista está lejos de la relación bélica que opone a las dos corrientes cristianas. El sueño humanista de unidad religiosa cristiana parece, efectivamente, estar a años luz de los cánones tridentinos y luteranos.

Como reacción a la Reforma protestante y para transformar la Iglesia Católica, en 1536 el papa Pablo III (1468-1549) promulga una bula que convoca un gran concilio ecuménico. La primera sesión se celebra el 13 de diciembre de 1545 en Trento, Italia. Después de 25 sesiones, se adopta la Contrarreforma, que hace especial hincapié en una mayor disciplina eclesiástica, en una formación sistemática de los clérigos en los seminarios, en la obligación de residencia de los obispos y en la importancia de las visitas pastorales. El consejo también confirma los puntos dogmáticos discutidos por los protestantes, como el culto a los santos y el pecado original.

LA HERENCIA DE ERASMO Y SUS LÍMITES

Aunque el nombre de Erasmo es muy conocido, el personaje sigue siendo bastante misterioso en el imaginario colectivo actual. Hoy en día, solo ha permanecido su patronímico —que se utiliza para designar el programa europeo de intercambios universitarios— y su *Elogio de la locura*. Sin embargo, la obra producida por Erasmo es inmensa. En 1540, cuatro años después de su muerte, Jerónimo Froben publica las *Opera Omnia*, un compendio de la obra del humanista. Hasta finales del siglo XVI, las obras de Erasmo se publican en grandes cantidades (sobre todo en latín, pero también en inglés, francés, alemán o español), lo que permite difundir su pensamiento de forma duradera. Sin embargo, a partir de la década de 1600, las ediciones de su obra disminuyen de manera significativa, a pesar de que el volumen de las producciones impresas aumenta considerablemente. En la práctica, entre los siglos XVII y XVIII —durante los cuales aumentan las rivalidades entre los reinos a causa de la construcción de grandes Estados centralizados— y el siglo XIX —testigo del auge de los nacionalismos— Erasmo ya no es el referente cultural que era antes, sino que su mensaje tiene cada vez menos eco en una Europa pendenciera. Habrá que esperar hasta el siglo XX para que algunos historiadores intenten que su pensamiento se vuelva a contemplar.

La figura de Erasmo se ha convertido en precursora de la tolerancia, de Europa en el sentido moderno de la palabra e incluso de la libertad religiosa. Sus contribuciones en estos ámbitos son innegables, pero hay que matizar su herencia. Es muy difícil hablar de tolerancia en el siglo XVI, por lo menos en el sentido con el que la entendemos hoy. Por ejemplo, aunque Erasmo es más comprensivo que sus contemporáneos sobre la cuestión judía, sigue siendo intransigente en lo que respecta al hebraísmo y sus adeptos.

También critica abiertamente el judaísmo que, para él, es la antítesis del cristianismo. A día de hoy, ya no nos encontramos en una descripción positivista de la herencia erasmista: aunque, sin duda alguna, se trata de uno de los mayores eruditos que ha habido en Europa, sigue siendo un hombre de otra época, y convertirlo en el modelo de la Europa moderna o de la tolerancia sería basarse tanto en el anacronismo como en los postulados.

EN RESUMEN

- Erasmo, de origen modesto, se convierte en canónigo regular de San Agustín en Steyn en 1488. Aprovecha para estudiar la Antigüedad en la biblioteca del monasterio y se convierte en sacerdote en 1492 antes de ser dispensado de la obligación de quedarse allí.
- Apasionado por las letras latinas, en 1494 publica su primera obra, *Antibarbari*.
- Su primera estancia en París entre 1495 y 1499 le permite estudiar en el Colegio Montaigu y, sobre todo, entrar en el círculo de varios humanistas destacados, como Roberto Gaguin.
- La culminación del ideal humanista de Erasmo se produce durante su primera estancia en Inglaterra entre 1499 y 1500. Allí conoce a John Colet y Tomás Moro y profundiza su conocimiento del griego.
- El primer viaje que realiza a Italia entre 1506 y 1509 es un verdadero itinerario cultural. Se convierte en doctor en Teología por la Universidad de Turín y lee a los autores antiguos en Venecia y Florencia. Lo único que lo decepciona es el papado, encarnado por la figura de Julio II.
- De vuelta a Inglaterra después del ascenso al poder de Enrique VIII en 1509, compone su obra maestra, *Elogio de la locura*. La escribe en pocos días, en la casa de campo de Tomás Moro, al que se la dedica. Sin embargo, no será publicada hasta 1511, después de varias modificaciones.
- Se instala en Basilea en 1509 y conoce al impresor Johann Froben, que publicará muchas de sus obras. La ciudad suiza cobra entonces gran importancia para Erasmo: el

viajero itinerante la convierte en su ciudad de residencia.

- Cuando la Reforma estalla en 1517, Erasmo primero adopta una actitud pasiva y neutral con respecto a Lutero, algo que luego se le reprochará. Los católicos intransigentes llegan incluso a acusarlo de haber sembrado las semillas de la Reforma. Huyendo de Lovaina, donde da clases, regresa a Basilea, ciudad en la que se queda ocho años y desde donde publica varios tratados contra Lutero.

- Con la Reforma alcanzando Basilea, Erasmo emigra a Friburgo de Brisgovia y continúa con su enorme producción. En 1535 escribe su *Preparación para la muerte*, su último libro publicado en Basilea, y muere durante la noche del 11 al 12 de julio de 1536.

¡Tu opinión nos interesa!
¡Deja un comentario en la página web de tu librería en línea,
y comparte tus favoritos en las redes sociales!

PARA IR MÁS ALLÁ

FUENTES BIBLIOGRÁFICAS

- Barral-Baron, Marie. 2012. *L'enfer d'Érasme. L'humaniste chrétien face à l'histoire*. Ginebra: Droz.
- Halkin, Léon-E. 1967. *Érasme et l'humanisme chrétien*. París: Éditions universitaires.
- Halkin, Léon-E. 1987. *Érasme parmi nous*. París: Fayard.
- Hildesheimer, Françoise. 2006. "Richelieu cardinal-ministre". *Comptes rendus des séances de l'Académie des Inscriptions et Belles-Lettres*, n.º 1, 365-383.
- Sweig, Stefan. 2001. *Érasme, grandeur et décadence d'une idée*. París: Livre de poche.

FUENTES COMPLEMENTARIAS

- Lutero, Martín. 2001. "Diatribe: Du libre arbitre". *Du serf arbitre*. París: Gallimard.
- Erasmo. 1992. *Éloge de la folie. Adages. Colloques. Réflexions sur l'art, l'éducation, la religion, la guerre, la philosophie. Correspondance*. París: Robert Laffont.
- Erasmo. 1971. *Enchiridion militis christiani*. París: J. Vrin.
- Anderlechtensia. 1992. "Les adages pythagoriciens d'Érasme, traduits pour la première fois du latin par Alain van Dievoet. Première partie". *Anderlechtensia*, n.º 65, 8-19.
- Anderlechtensia. 1992. "Les adages pythagoriciens d'Érasme, traduits pour la première fois du latin par Alain van Dievoet. Deuxième partie". *Anderlechtensia*, n.º 66, 7-16.

FUENTES ICONOGRÁFICAS

- Grabado de Roberto Gaguin (1433-1501) por Nicolás III de Larmessin (1684-1755). La imagen reproducida está libre de derechos.
- Retrato de Tomás Moro. La imagen reproducida está libre de derechos.
- Retrato de Johann Froben por Hans Holbein el Joven, 1520-26. La imagen reproducida está libre de derechos.
- Retrato de Erasmo por Hans Holbein el Joven (1523). La imagen reproducida está libre de derechos.
- Retrato de Erasmo por Quentin Metsys (1517). La imagen reproducida está libre de derechos.
- Retrato de Martín Lutero. La imagen reproducida está libre de derechos.

en50MINUTOS.es
Historia
Economía y empresa
Coaching
Book Review
Salud y bienestar
EL DIAGRAMA DE ISHIKAWA
Solucionar los problemas desde su raíz
Material Método Máquina
Madre Naturaleza Medida Hombres
LA GUERRA DE PALESTINA DE 1948
DOMINA EL ARTE DEL NETWORKING
¡APRENDER NUNCA ANTES FUE TAN RÁPIDO!
www.en50minutos.es

www.en50Minutos.es

ISBN ebook: 9782806296481

ISBN papel: 9782806296498

Depósito legal: D/2017/12603/216

Cubierta: © Primento

Libro realizado por Primento, el socio digital de los editores